Selbstbewusstsein

-

Befreie dich von Deinen inneren Ketten und erlange grenzenlose Freiheit

Inhaltsverzeichnis:

Einleitung

Die Welt ist schnelllebig, sehr schnelllebig, um genau zu sein, und um mit diesem Tempo mithalten zu können brauchen wir einen Rückhalt. Wem würdest du jeder Zeit vertrauen? Deinen Eltern? Deinen Freunden? Deinem Liebling? Oder eher deiner Intuition? Nun, das kann jeder nach den jeweiligen Umständen selbst entscheiden, doch nachdem ich einige rationale *„Gegebenheiten"* durchgegangen bin, ist es für mich persönlich durchaus legitim, meiner Intuition zu vertrauen. Oh, ich habe vergessen mich bei allen liebenswerten Personen da draußen zu entschuldigen, aber mal ernsthaft, so läuft das nun mal.

Lasst es uns aus einer anderen, durchaus rationalen Perspektive betrachten. Es ist beeindruckend zu erkennen, dass man allen vertrauen kann, dennoch beruht die Vertrauensbasis auf der Tatsache, dass man zuerst fest an sich selbst und an seine unglaublich tollen Fähigkeiten glaubt, die einen von der Masse abheben. Nein, du solltest jetzt nicht denken, dass deine Fähigkeiten dich wie Superman in einem Superanzug aussehen lassen – stattdessen solltest du an deine Fähigkeiten und Fertigkeiten zur Konfliktlösung glauben, während ein annehmbares Maß an Moral vorhanden ist.

Die Selbstachtung ist im Grunde eine wertende Studie über einen selbst, welche einen dazu zwingt, in sich selbst hineinzuschauen und verborgenen Talente zu entdecken, die das eigene Selbstvertrauen aufpolieren und zum Ausdruck bringen. Wenn man meditiert und diese Kraft in sich selbst entdeckt, wird man letztlich nicht nur unabhängig, sondern auch dazu in der Lage sein, Wunder zu vollbringen. Auch wenn dich Kritiker als ein Schauspiel abstempeln, von dem aus die Welt betrachtet werden sollte.

Ein Individuum ohne Vertrauen in seine eigenen Fähigkeiten wird meistens zu einer Couch-Potato, da man selbst aufgrund eigener Unabhängigkeit und dem Verlassen auf andere nicht dazu bereit ist, rauszugehen und das Leben zu genießen – wenn du jedoch wahrhaftig an deine Fähigkeiten glaubst und du vollkommen überzeugt von ihnen bist, hast du eine Chance, aus der zum Scheitern verurteilten Komfortzone herauszutreten und dich unter das Volk zu mischen.

Ein höchstes Maß an Selbstwertgefühl hilft einem dabei, sich gesund zu fühlen und garantiert auch eine solide geistige Gesundheit aufzubauen, da man nicht dem Leben Anderer nachsieht und mit sich selbst vollkommen zufrieden ist.

Kapitel 1: Der Schlüssel zu einem opulenten Lebensstil

Menschen wollen in ihrem Leben erfolgreich sein, und einige von ihnen sehnen sich danach, eine gewisse Bedeutung in der Masse zu haben, was kritisch betrachtet nicht falsch ist, da jeder, der erfolgreich eine Positivität in die Masse bringt oder mit Menschen auf charmante Art und Weise interagiert, wie von selbst eine immense Bedeutung von der Öffentlichkeit erhält; wobei die überzeugende Theorie in Gedanken verteilt wird und eine bloße Übereinstimmung mit den Menschen aufgebaut wird.

Wenn du das Leben um dich herum genauer betrachtest, kann da ohne Selbstvertrauen überhaupt etwas möglich sein? NEIN! Sogar ein armer Bettler muss an seine Fähigkeiten glauben, andere davon zu überzeugen, ihm ein wenig Geld zu überreichen. Wie also könnte man weiter vorangehen und ein luxuriöses Leben führen, wenn man nicht an sich selbst glaubt? Sogar ein Abenteuer ist ohne den Glauben in den eigenen Mut, das Leben da draußen zu genießen, unmöglich. Und daran kann man erkennen, dass es sich hauptsächlich nur um kleine Dinge handelt, doch so wird zwischen Reiselustigen und Langweilern unterschieden.

Nehmen wir ein Beispiel einer öffentlichen Rede, da das Vertrauen hier auf brutale Art beurteilt wird. Hier gibt es keinen Zweifel, dass man voll und ganz mit Fachwissen ausgestattet, richtig angezogen sein muss, eine charmante Persönlichkeit und eine gute Wortwahl besitzen muss, um sich als Vorbild mit dem Publikum verbinden zu können. All diesen Faktoren voraus gibt es jedoch zwei Dinge, die alle anderen Konkurrenten in den Schatten stellen, und das ist Zuversicht und ein starker optimistischer Ansatz an sich selbst zu glauben. Somit entspricht alles, was du nach einer immensen Vorbereitung sagst und erfährst mit Sicherheit der Richtigkeit, und wenn jemand aus dem Publikum pessimistisch darauf reagiert oder einfach deinen Worte widerspricht, sieht diese Person die Welt nur aus einer anderen Perspektive. Wenn er dich kontert, höre ihm zu und belasse es friedlich dabei, da er seinen Standpunkt weder dir aufzwingen kann, noch du ihm deinen. Öffentliche Redner, und besonders Redner aus der Motivationsnische, erfahren solch fragile Situationen ziemlich oft, und durch eine unbeugsame Fähigkeit, sich solchen Situationen anzupassen und wichtiger noch, den Glauben an sich selbst, gelingt es ihnen mit Leichtigkeit durch diese Situationen zu gleiten. Sie wissen sehr gut, dass alles, was sie vermitteln eigentlich nur das Lernen des Themas nach einer Reihe von Versuchen und Erfahrungen ist.

Redner, die an sich selbst glauben (was die meisten von ihnen tun) denken niemals negativ, auch wenn sie während der ersten Rede einen Saal voller Leute hatten und während der zweiten Rede einen Saal voller leerer Stühle. Stattdessen denken sie einfach darüber nach, wie sie ihre Erzählweise ändern können, sodass sie auf die Bedürfnisse einer spezifischen Personengruppe eingehen können.

Falls du jemals als Redner dastehen solltest und eine negative Reaktion erfährst, denke einfach für eine Weile darüber nach und stelle dir vor, dass wenn er ein Profi in deinem Gebiet wäre, er jetzt ein deiner Stelle stehen würde; solch ein lebhafter Denkansatz bringt das Selbstvertrauen zu dir zurück, das zuvor nur im Saal herumschwirrte.

Bei einer rationalen Wahrnehmung der Welt kann man erkennen, dass alle Unternehmer, Wissenschaftler, Politiker, Erfinder, Abenteurer und Revolutionäre eine gemeinsame Eigenschaft besaßen – sie alle glaubten aufgrund einer positiven Einstellung an sich selbst und ihre unglaublich tollen Fähigkeiten, ohne über die möglichen Ergebnisse nachzudenken. Denn wenn man an seine positiven Eigenschaften glaubt und ihnen mit ganzem Herzen und voller Energie folgt, ist das Ziel vor Augen - mit Sicherheit niemals verschwommen und man wird immer aus einer beziehbaren Perspektive gesehen werden.

Das beste Beispiel kann man in diesem Zeitalter sehen – ich sehe, dass Schüler mit der Aussage prahlen: „Morgen ist zwar mein Examen, aber das interessiert mich nicht, weil ein einzelnes Blatt Papier nicht über meine Zukunft entscheiden kann". Diese klare Linie soll sie also daran hindern, eine Auszeichnung in ihrem Fachgebiet zu erhalten – das mag aus seiner Sicht vielleicht lustig klingen, doch kann überhaupt nicht angerechnet werden, da er seine Überlegenheit weder behauptet, noch das Studium danach aufgegeben hat, er sah die Dinge einfach nur mit anderen Augen. Zu einer Zeit, wo die meisten von uns nur noch vor Xbox-Konsolen hängen, hat er eine Leidenschaft für die Wissenschaft entdeckt. Er hörte nie wirklich auf zu studieren, folgte seinem Instinkt, dass die Wissenschaft ihn interessierte und sein Schicksal nicht durch eine bloße Prüfung entschieden werden kann Er folgte schließlich seiner Intuition – die Welt nennt ihn Thomas Edison!

Und nicht nur das, das Selbstvertrauen ist wie ein Duft, der die Massen anzieht, ein Duft, der nie vergeht – ziehe eine Weile lang in Betracht, dass du eine Person mit ernsthaft mangelndem Selbstbewusstsein bist. Glaubst du nun wirklich, dass sich die Welt jemals um dich drehen wird, wenn du noch nicht einmal an deine eigenen Qualitäten glaubst? Das wird nie passieren! Wenn man gegensätzlich dazu über ein gutes Maß an Selbstvertrauen verfügt, ist man quasi mit einem selbstauslösenden Raketenwerfer ausgerüstet, welcher den Menschen ein Gefühl von Vertraulichkeit vermittelt – sie erkennen, dass diese Person fest an sich glaubt und zudem ein paar anständige Charaktereigenschaften entwickelt hat. Wenn diese mit dir assoziiert werden, würden sie sich dir gegenüber nicht nur privilegiert und sicher fühlen, sondern würden garantiert auch selbstlose Bewertungen von dir entgegennehmen, wenn sie etwas hinsichtlich des Vertrauens tun. Wenn du zum Beispiel eine feste Freundin hast, aber nicht an dich selbst glaubst, würde das ihrem Potenzial unbeabsichtigt, oder eher aus Gewohnheit, Schaden zufügen. Wenn wir das Ganze nun umdrehen und du dich als ein fester Freund betrachtest, der wahrhaftig an sich glaubt, würde das deine Partnerin nicht nur dazu ermutigen, notwendige Schritte für ein erfolgreiches Leben einzuleiten, du würdest auch all ihre errungenen Meilensteine zu schätzen wissen, da selbstbewusste Menschen nie egoistisch sind. Darüber hinaus würde eine Frau nie mit einem Mann zusammen sein wollen, der nicht an sich selbst glaubt, da sich jeder nach einer vielversprechenden Zukunft sehnt. Wie also sollte eine Person mit geringem Selbstwertgefühl seinem Gegenüber eine Zukunft garantieren können? Beziehungen bauen immer auf einem gegenseitigen Verständnis und Hingabe auf, doch wenn es jemandem an Selbstvertrauen fehlt, wurde bewiesen, dass einer von ihnen die Beziehung antreibt, während der andere im Schlamm versinkt. Und ist der Unterdrückte einst vollkommen versunken, ist die Beziehung nicht mehr zu retten.

Lass uns dieses Beispiel noch ein wenig weiter vertiefen. Stelle dir vor, dass du gerade eine Trennung hinter dir hast. Würdest du dir jetzt selbst die Schuld geben, auch wenn du nichts dafür konntest? Natürlich nicht! Wenn du dir solch ein Verhalten angewöhnst, schadet das deiner Würde – wenn du also etwas falsch gemacht hast, was letztendlich zur Trennung führte, sollte man sich das eingestehen und es beim nächsten Mal besser machen. Wenn man selbst allerdings nicht der Verursacher ist, sollte man einfach loslassen und aufrichtig an die eigenen Fähigkeiten glauben – Baue mit der Zeit Vertrauen auf und sei fest davon überzeugt, dass du auf jeden Fall etwas Besseres verdient hast.

Ein starker Glaube an sich selbst hilft einem auch dabei, finanziell, emotional und sozial unabhängig zu bleiben. Das bedeutet nicht, dass man sich von der Welt abschneidet, doch man muss niemanden um Hilfe bitten und man braucht in schwierigen Zeiten auch keine Schulter zum Anlehnen – die meisten Menschen scheinen diese Tatsache nicht leicht zu erkennen, aber im Laufe des Lebens lernt man auch sarkastische Verhaltensweisen oder gewisse Wahrheiten kennen, bevor man sich schließlich in Richtung Unabhängigkeit begibt. Bis man dies endlich erkannt hat, ist die Zeit zwar noch nicht vollständig entwichen, doch die optimale Zeit des Lebens, zu der man diesen Luxus hätte genießen können, ist längst vorbei. Hilfreich ist auch für etwas Gerade zu stehen, das für einen positiv ist, und zur gleichen Zeit auch für etwas, das negativ für dich selbst oder jemanden, um den du dich sorgst, sein kann – kurz gesagt, erhöht es die eigene Würde in allen Lebensbereichen.

Kapitel 2: Die Rationale Ebene

Ein Übermaß an allem kann sich negativ auswirken oder zu eher unerwünschten Ergebnissen führen. Deshalb ist es in jeder Situation katastrophal zu Selbstbewusst zu sein, was sehr leicht mit einem Übermaß an Zuversicht verwechselt wird. Nun, hierbei handelt es sich um zwei verschiedene Dinge, getrennt durch eine abgeschwächte Membran, die bei genauerem Nachdenken ganz leicht differenziert werden können. Ein Übermaß an Selbstvertrauen sollte nicht als pessimistischer Ansatz betrachtet werden, da es einen von der Menge abhebt und einem die Möglichkeit gibt, den eigenen Status auf das optimale Niveau zu erhöhen, egal, wo man sich derzeitig befindet. Dabei bezieht es sich darauf, dass man ganz stark an seine eigenen Fähigkeiten glaubt und nur noch nicht bereit ist, auf Kompromisse einzugehen, welche die Menschen um einen herum „erwarten".

Ein Übermaß an Selbstvertrauen zeigt im Grunde genommen das Spiegelbild von ignorantem Verhalten, und obwohl man an sein eigenes Kaliber glaubt, ist man hier einfach nicht über die Tatsache aufgeklärt, dass die Anpassung eines absorptionsfähigen Verhaltens ebenso wichtig ist. Es provoziert ein feindliches Verhalten, bei dem man beginnt, die Schönheiten anderer Meinungen zu hassen, was wiederum ein anderes schlummerndes Talent in dir provozieren könnte und du selbst eine Lust für deine eigenen Fähigkeiten entwickelst, wobei man nicht länger zur Akzeptanz bereit ist und gelegentlich auch falsch liegen kann. Im Gegensatz dazu heißt das nicht, dass Menschen mit „mehr" Selbstvertrauen niemals falsch liegen können – zeitweise passiert das auch ihnen! Doch wenigstens reagieren sie auf etwas Unangenehmes mit so viel Wonne, dass die Leute sogar in solchen Situation auf sie hereinfallen und ihre bestimmten Gedanken gegebenenfalls komplett erneuern.

Im größten Bestreben unseres Lebens erfahren wir einen Mangel an Selbstbewusstsein, wenn wir zum Beispiel einen Bewerbungsraum betreten und einen ganzen Rat vor uns sitzen haben. Warum geschieht das? Immerhin sind Sie nur einer von vielen und Sie könnten nicht angenommen werden. Nun, das kann vermieden werden, wenn der Bewerber fest an seine Fähigkeiten glaubt, die ihn so weit gebracht haben. Zu Allererst ist er nicht nur einer von vielen, sondern wurde vom Rat in die engere Auswahl gezogen, da sie etwas Wertvolles an seiner Persönlichkeit oder seinen Fähigkeiten finden, auch wenn die Situation sie beeindruckt hat, ist das nur ein negativer Gedanke, der durch Ihren Kopf wandert. Bleibe positiv und glaube an dich selbst. Und was ist, wenn du eine Absage nach einem erfolgreichen Gespräch erhältst? Würdest du dein Herzblut verlieren? Würdest du dich nie wieder bewerben oder eher versuchen, deinen Lebenslauf aufzufrischen? Nun, die letztere Option scheint hier rationaler zu sein. Da wir hier von Selbstbewusstsein und dessen Übertragung auf die Menge sprechen, sollten wir verinnerlichen, dass auch wenn man eine Absage erhält, man sich davon nicht entmutigen lassen sollte und trotzdem weiterhin an sich glauben sollte. Wenn die Fähigkeiten nicht ausgereicht hätten, wäre man sicherlich nicht für ein letztes Gespräch in der engeren Auswahl gelandet. Jetzt ist dieser Teil vorüber, den hast du gewonnen – doch für die Zukunft solltest du beachten, dass es eine versteckte Fähigkeit in deinem Inneren gibt, die aufpoliert werden muss, um das nächste Gespräch zu gewinnen. Zudem sollte man sich auch darauf konzentrieren, die Fähigkeiten zu verbessern, die einzig und allein mit der Fähigkeit zu tun haben, mit denen man einen Rat beeindrucken möchte, den man zuvor noch nie getroffen hat.

Kapitel 3: Innere Ketten am Rande deiner Freiheit

Das Fehlerbegehen an sich ist kein Problem, doch die Art, wie man auf sie reagiert, sollte im Auge behalten werden. Wenn man nach einem Fehlschlagen nicht den Schmutz abbürstet, fügst du deinem Leben und den Reizschwellen seltsame Dinge zu. Der Mangel an Selbstvertrauen verursacht eine Reihe von Katastrophen, einschließlich Schüchternheit, Konversationsproblemen, Angst und Abhängigkeit. Wenn du nicht dazu in der Lage bist, dich selbst zu entdecken, wärst du für die Industrie leider ziemlich unbrauchbar. Mit dem Voranschreiten der Welt wächst die Tendenz von Multitasking ziemlich schnell; Kunden bevorzugen Verkäufer und Mitarbeiter, die während einer bestimmten Zeit einen Großteil der Arbeit aus verschiedenen Nischen verrichten können, was viel effizienter ist. Jeder weiß, dass es grausam ist, aber auf dem Markt gibt es eine Rezession, welche angibt, wie heute alles zu laufen hat. Um also die besten Ergebnisse für Multitasking liefern zu können, benötigt man ziemlich gute Fähigkeiten vor allem den Glauben, dass man die Talente, die in einem schlummern, auch ausführen kann, um sich von der Masse deutlich abheben zu können.

Es ist schwierig in einem Labyrinth zu überleben, vor allem, wenn man bereits an etwas Unflexiblem gebunden ist, entweder aufgrund anerzogener Charaktereigenschaften oder einer gut entwickelten Angst vor der Welt aus verschiedenen Perspektiven. Sofern man nicht liberal und an bestimmte körperliche oder geistige Ängste oder Grenzen gebunden ist, wird es katastrophal für einen enden.

Leider leben wir heutzutage in einer Welt, die zwar voller Chancen ist, doch man muss zunächst die psychologischen Barrieren entwurzeln, die unserer Persönlichkeit im sehr jungen Alter eingepflanzt wurden. Findest du es nicht beunruhigend, dass ein Elternteil sein Kind anderweitig beschäftigt, damit es selbst eine Stunde lang Fernsehen gucken kann, ohne sich weiter mit dem Kind zu beschäftigen? Diese Befürchtungen verursachen verheerende Auswirkungen auf die Kinder und in den meisten Fällen ist beobachtet worden, dass diese Kinder diese Ängste auch im Erwachsenenalter nie wirklich überwinden und somit von der Betroffenheit so tiefgreifend gestört sind, dass sie diese Angst auch an die zukünftige Generation weitergeben, was zum Unglück des Kindes eine eher leidvolle Vererbung ist.

Praktisch sollten wir dazu in der Lage sein, in der Kindheit entwickelte Ängste zu überwinden, was in den meisten Fällen jedoch nicht der Fall ist und eine innige Radikalisierung zur Folge der Elternparanoia verursacht. Die Erziehung an sich ist ein Segen, aber eine Elternparanoia ist keine gesunde Praxis für aufwachsende Individuen. Ältere sollten immer über die Aktivitäten ihrer Kinder wachen, da sie natürlich erfahrener sind, andererseits sollte diese Erfahrung Kinder dazu ermutigen, im Leben voranzuschreiten, Schwierigkeiten zu konfrontieren und die Strenge ihrer Umgebung zu ertragen, statt sich von allem fern zu halten. Häufig kommt es auch vor, dass wir sie unabsichtlich verunsichern, statt ihnen festen Grund und Boden zu bieten, und die daraus resultierenden Ergebnisse kennen wir alle. Während der Jugendzeit sammelt man tatsächlich viele Erfahrungen, woraus Interessen, Schwächen und Stärken entwickeln. Eltern jedoch stellen sich viele Fragen – ein solches Verhalten gehört nicht ins 21. Jahrhundert und sollte von den Älteren überwacht werden, da sie ein Leben mit weniger Konkurrenz in der Welt führen konnten. Doch da unser Verhalten gegenüber der psychischen Gesundheit Anderer sehr verantwortlich ist, sollten wir uns an die grundlegende Ethik und den Regeln der Elternschaft halten, doch auch dazu in der Lage sein, unsere Strategien rechtzeitig zu ändern, um sich der Erdrotation anpassen zu können.

Was auch immer der Grund für dein Angstverhalten ist, du bist am Ende derjenige, der darunter zu leiden hat. Niemand würde jemals von einem solchen Verhalten von deiner Seite aus leiden, dennoch hält es einem die grenzenlose Freiheit und eine luxuriöse Art des Denkens vor und man entwickelt sich mit halluzinierten unheimlichen Gedanken. Im Erwachsenenalter zwingen uns meistens Emotionen, Überzeugungen und die Umgebung an unsere Grenzen – jeder von uns wird mit einer einheitlichen Natur geboren, und niemandem von uns wird bei der Geburt ein vorinstallierter Chip von Ignoranz und Hass eingepflanzt, doch leider ist es meistens so, dass unsere Gesellschaft und Familienmitglieder uns dazu zwingen, andere zu hassen oder gegenüber den Gedanken anderer ignorant zu sein. Als Folge neigen wir dazu, den "bösen Buben" fernzubleiben. Und das ist es, was unser diplomatisches Verhalten zerstört, da wir durch die Meidung gewisser Personennischen unseres Vertrauens beraubt werden, doch in der Realität gewinnen wir auch vertrauen, wenn wir aufhören mit Menschen unterschiedlicher Kulturen, Ethnien, Überzeugungen, Sex und Rassen zu interagieren – wir sind quasi geistig gefangen, wenn wir uns auf unsere eigene Mentalität beschränken. Eigentlich müssten wir über eine elastische Natur verfügen und dazu bereit sein, Unterschiede zu akzeptieren und zu respektieren, während wir unsere eigene Perspektive (wenn rational bewiesen) beibehalten. Nur diese Art einer verformbaren Persönlichkeit kann uns dabei helfen, ein selbstbewusstes Leben zu führen.

Kapitel 4: Falle siebenmal hin, stehe achtmal wieder auf

Es ist der Glaube an die eigenen Fähigkeiten und die Ausdauer, die einen zum Erfolg bringen, nachdem man etwas verloren hat. Es besteht kein Zweifel daran, dass ein konstruktiver Ansatz dabei hilft, einen noch stärkeren Ehrgeiz zu entwickeln, nachdem man etwas versäumt hat. Doch wie baut man einen rekonstruierten Ehrgeiz auf? Na klar! Durch Selbstvertrauen. Es erweckt den Geist und provoziert ein Gefühl von Lebendigkeit in der Seele, indem es das Unterbewusstsein aufwühlt und einen selbst davon überzeugt, an eine weitere eingebaute Fähigkeit des Menschen zu glauben. Diese wäre nach jedem Fall immer wieder aufzustehen. Dieses Phänomen kann wahrscheinlich am besten anhand eines Gummibands demonstriert werden – die Fähigkeit eines elastischen Gummibands ist, dass es geweitet werden kann (obwohl es auch über viele andere Fähigkeiten verfügt, aber wenn wir nun schlichtweg über seine Qualität sprechen würden und es aus dem Winkel betrachten, woran ein Gummiband glauben sollte, damit es sein Selbstvertrauen nach einer Verzerrung zurückzugewinnen kann, hätten wir die dehnbare Qualität an erster Stelle). Wenn man sich jedoch dagegen sträubt und man versucht, es zusammenzudrücken, bleibt es auch für eine Weile so. Es bleibt so, bis man es von seinem „Druck" befreit, doch je mehr man es unterdrückt, desto energischer reagiert es zurück und nimmt wieder seinen originalen Zustand ein. Darum geht es bei diesem Phänomen – man muss das Selbstbewusstsein haben, den originalen Zustand zu akzeptieren und einfach man selbst sein. Denn wenn man versucht, jemand Anderes zu sein würdest du deiner eigenen Fähigkeiten beraubt worden sein!

Manchmal spielen auch Phobien eine wichtige Rolle, wenn sie einen vor den Augen der Gesellschaft im Stich lassen. Hierbei handelt es sich eigentlich um innere Ängste (die sich durch Vererbung oder durch unangenehme Erfahrungen entwickelt haben), die dich vom Leben abhalten und dich unsicher fühlen lassen. Phobien reichen dabei von einigen leichten Symptomen wie der Phobie vor Lärm oder der Dusche zu einigen komplexeren Phobien wie die Angst, einen Mörder zu sehen. Phobien beschränken einen dabei nie körperlich, sondern binden sich psychologisch an die Ängste und verursachen damit, dass man in gewissen Situationen körperlich und geistig wie gelähmt ist. Eine Phobie ist ständig auf der Jagd nach dem Selbstbewusstsein, da sie einem den Glauben an die eigenen Fähigkeiten raubt.

Falls du eine tiefgründige Phobie zu etwas entwickelst hast, solltest du versuchen, sie mithilfe einer gewissen und praktischen Methode selbst aus der Welt zu schaffen, die keine medizinische Hilfe erfordert. Rationaler weise muss man immer alles selber machen - die Welt ist echt egoistisch, was?

Begebe dich auf eine Reise, bei der du deine Fertigkeiten identifizierst (da diese als Quelle des Selbstbewusstseins dienen werden), bereite für dich selbst ein paar ganz praktische Tests vor und setze dir anschließend ein Ziel vor Augen, das du nach jedem überstandenen Test erreichen musst. Siehst du, deine Fähigkeiten lauern in der Nähe deiner Seele – alles, was du tun musst, ist sie mit deinem Körper zu verbinden und dabei zusehen, wie Wunder geschehen, während du weiterhin an dich glaubst. Und darum geht es beim Selbstbewusstsein.

Jede Person verfügt über eine einzigartige Kombination von Fähigkeiten. Einige von ihnen sind überlegen, während andere von der Industrie als eher nutzlos oder weniger praktisch bewertet werden. Doch das ist wiederum nur eine Ansichtssache, die einen alles andere als enttäuschen muss. Es ist egal, wie die Anderen deine Fähigkeiten bewerten, du selbst solltest stets auch an die kleinsten deiner Fähigkeiten glauben und immer stolz darauf sein, wobei du allerdings nie vergessen solltest, zwischen Arroganz und Stolz zu unterscheiden. Sobald du deinen Funken entdeckt hast, solltest du dich an ein Ziel binden und das Seil fest in der Hand halten. Während du alle Schwierigkeiten und Anstrengungen auf deinem Weg erträgst – Strebe nach dem Besten, lasse die Negativität hinter dir und glaube einzig und allein an die einzige Waffe, die du besitzt, deine Fähigkeiten.

Auf dem Weg zu deinem Ziel solltest du auf niemanden angewiesen sein, der deine Leistungen zu schätzen weiß oder dich dazu ermutigen möchte, weiterzumachen. Denke daran, dass Menschen grundlegend immer ignorant und eher egoistisch sind und nur wollen, dass du Erfolg hast, solange du hinter ihnen liegst. Sobald du ihre Territorien eroberst, wirst du von einer Horde umherschwirrender Monster verschlungen werden. Und in einer solchen Situation solltest du dein eigene Hoffnung und Bewunderer sein. Vergiss nie, dir bei jeder Errungenschaft selbst auf die Schulter zu klopfen und dein Inneres zu loben. Du solltest möglichst versuchen, Entscheidungen zu treffen, ohne dabei von anderen abhängig zu sein – sei unabhängig! Was könnte denn im schlimmsten Fall passieren? Würdest du scheitern oder die Leute würden dich auslachen? Dann sag einfach: „Na und?" Immerhin befindest du dich auf einer holprigen Reise und früher oder später musste so etwas einfach passieren. Also rappelst du dich einfach wieder auf und machst dich bereit, es nochmal zu tun.

Das Selbstbewusstsein ist direkt mit deiner Routine und deinen Gewohnheiten verbunden. Es gibt keinen Zweifel, dass auch ein fauler Mensch Selbstbewusst sein kann, welches allerdings tödlich sein kann, da er die Aufgaben in seinem Bereich sicherlich gut und effizient verrichtet, doch sobald er mit entscheidenden Szenarien konfrontiert wird, liefert er eine völlige Enttäuschung, was für seine Umgebung ziemlich zerstörerisch sein kann. Daher braucht man die richtige Denkweise, bevor man die Leiter des Selbstbewusstseins erklimmt, und wenn man nicht über eine solche verfügt, sollte man sich selbst die Zeit nehmen und eine Brücke zwischen Selbstbewusstsein und Persönlichkeit errichten. Dazu ist es am einfachsten, sich mit erfahrenen, rational denkenden Profis abzugeben, die einen Einfluss auf die eigene Denkweise haben können.

Kapitel 5: Selbstbewusstsein auf Knopfdruck

Sie wissen nun das Selbstbewusstsein eigentlich ein innerer Zustand ist. Normalerweise muss solch ein innerer Zustand über Monate oder Jahre erlernt werden. Allerdings gibt es ein paar Trick wie Sie auf Knopfdruck Ihr Selbstbewusstsein steigern können. Das kann Ihnen die Möglichkeit geben spezielle Situationen zu meistern und einen kühlen Kopf zu bewahren.

Eine Studie hat belegt das unserer Gefühle stark von unserem physischen Zustand abhängen. Das bedeutet: Ändert man seinen physischen Zustand, ändert man damit auch seine Gefühle. Ein gutes Beispiel dafür wäre folgendes: Wenn Sie einmal unglücklich oder verärgert über etwas sein sollten, lächeln Sie einfach mal. Sie werden merken, dass Sie sich gleich entspannter und glücklicher fühlen. Das alles funktioniert so gut, weil Sie ihren physischen Zustand verändert haben indem Sie gelacht haben. Erstaunlich, oder?

Jetzt müssen wir nur noch wissen mit welchem physischen Zustand man sein Selbstbewusstsein stärken kann. Dazu will Ich Ihnen eine Technik aus dem Neurolinguistischen Programmieren (NLP) vorstellen. Die Technik nennt sich Ankern. Bei dieser Methode verknüpft man durch Training eine Emotion mit einem physischen Zustand. Das Ergebnis: Sie können die Emotion immer abrufen wenn Sie den physischen Zustand einnehmen. Wie Sie diese Sache trainieren können werde Ich Ihnen jetzt zeigen!

Als erstes brauchen Sie einen physischen Zustand der von Ihnen frei gewählt werden kann. Ein gutes Beispiel ist das aufeinanderdrücken des Daumens und des Zeigefingers der rechten Hand. Der Ort ist dabei entscheidend, es muss also immer die rechte Hand bleiben! Wenn Sie nun in eine Situation kommen sollten in der Sie sich besonders gut und selbstbewusst fühlen, drücken Sie Daumen und Zeigefinger der rechten Hand zusammen. Sie wiederholen das immer wenn sich das gewünschte Gefühl zeigt.

Nach einer Weile Training können Sie nun den umgekehrten Weg gehen. Immer wenn Sie jetzt Daumen und Zeigefinger aufeinander pressen werden Sie das Gefühl spüren das Sie sich antrainiert haben.

Diese Methode können Sie natürlich mit jedem physischen Zustand und auch jedem Gefühl probieren das Sie gut finden. Wenn Sie sich einmal selbst beobachten und reflektieren werden Sie auch bemerken, dass Sie diese Methode sogar unterbewusst für negative Gefühle benutzen und antrainieren. Das ist in keinem Fall schlimm da jeder solche physischen Zustände von negativen Gefühlen antrainiert. Wichtig ist nur Sie zu erkennen, dann können Sie sie auch ändern. Ein tolles Beispiel wäre das Gefühl von Scham. Alle Menschen fassen sich bei Scham mit offener Hand an den Kopf. Körpersprache ist bei jedem Menschen gleich!

Kapitel 6: Selbstbewusstsein ausstrahlen

Selbstbewusstsein können wir nicht nur im inneren nutzen um uns wohler zu fühlen, sondern auch um auf andere einen guten und selbstsicheren Eindruck zu machen. Dies kann Ihnen zum Beispiel helfen bei einem Vorstellungsgespräch besser bei ihrem Arbeitgeber anzukommen. Ein ungeschriebenes Gesetz ist: Auf Selbstbewusste Menschen regiert man fast immer positiv.

Jetzt stellt sich natürlich die Frage an welchen Merkmalen man erkennt ob man selbst oder jemand andere selbstbewusst ist. Bei Anderen kann man es noch besser erkennen als bei sich selbst weil man immer diese Stimme im Hinterkopf hat die einem jede Menge ungewünschter Dinge zuflüstert. Am besten Sie schreiben zunächst erst einmal alle Dinge auf woran Sie erkennen, dass jemand selbstbewusst ist.

Im Anschluss schreiben Sie noch auf welche Dinge von der ersten List Sie gerne auf sich übertragen würden. Wenn Ihnen nichts einfällt was Sie aufschreiben sollen kann Ich Ihnen auch gleich das Geheimnis des selbstbewussten Wirkens auf andere verraten.

2 Professoren für nonverbale Kommunikation an einer Uni in den USA wollten dieses Geheimnis nämlich auch entschlüsseln. Sie holten sich über 1000 Testpersonen heran und zeigten ihnen Filme und Bilder von Menschen spezielle Emotionen zeigten. Mit diesen Bildern und Sequenzen wurden über 200 Merkmale der nonverbalen Kommunikation gezeigt. Dann sollten die Testpersonen zeigen welche Personen Sie als besonders selbstbewusst empfanden. Zum Schluss werteten die Professoren die Ergebnisse aus und waren sehr überrascht.

Es zeigte sich, dass nur 3 Attribute entscheidend waren um wirklich selbstbewusst auf andere Menschen zu wirken. Diese Sachen sind nicht einmal schwer umzusetzen! Diese Studie hat die bisherigen Lehren der nonverbalen Kommunikation sehr stark verblassen lassen da man gedacht hatte, dass viel mehr Attribute von entscheidender Bedeutung waren. Jetzt will Ich Sie aber nicht mehr auf die Folter spannen und Ihnen sagen um welche 3 Attribute es sich handelt.

Das erste Attribut ist wohl das offensichtlichste. Selbstbewusstsein kommt durch eine grade und aufrechte Körperhaltung. Nicht nur das man dadurch selbstbewusst wirkt. Wie Sie im letzten Kapitel bereits erfahren haben kann das einnehmen einer aufrechten Haltung mit festem Stand auch umgekehrt zu einem größeren Selbstbewusstsein beitragen.

Das zweite Attribut ist der schweifende Blick. Dieser drückt Kontrolle über die Situation und pure Gelassenheit aus.

Das dritte und letzte entscheidende Attribut ist eine starke und laute Stimme. Das heißt nicht, dass Sie schreien sollen wenn Sie selbstbewusst wirken wollen aber Sie brauchen eine gewisse Kraft in der Stimme. Zusätzlich wird eine Person ruhiger eingeschätzt wenn Sie eine tiefere Stimme besitzt.

Nun wissen Sie genau was Sie auch unter Menschen selbstbewusst wirken lässt.

Schlusswort

An dieser Stelle möchte ich dir noch einmal danken, dass du dir dieses Buch gekauft hast. Du kennst nun eines der größten Geheimnisse der menschlichen Psyche und bist gewappnet für den Weg in die grenzenlose Freiheit.

Sicherlich wird es Zeiten des Scheiterns geben, es kommt aber darauf an wie du wieder aufstehst, nicht wie du hingefallen bist. Vergiss das nie!
Zum Schluss liegt es an Dir ob du die gelernten Sachen umsetzt und dich in die Freiheit deiner Psyche begibst.

Ich wäre glücklich wenn Ich Dir mit den Informationen in diesem Buch weiter geholfen habe.
Wenn Dir dieses Buch gefallen hat, darfst Du dem Buch auf Amazon gerne eine positive Rezension geben. Dies würde ich sehr schätzen.

Danke und viel Erfolg mit Ihren Zielen!

Bonus-Kapitel:

Selbstvertrauen ist auch eine wichtige Eigenschaft die man beim flirten mit dem anderen Geschlecht braucht. Vor allem auf einer Feier kann man das gewonnene Selbstbewusstsein zur Schau stellen. Ich will dir deshalb hier einen kleinen Einblick in mein anderes Buch **„Flirten in der Disco"** geben. Ich hoffe es hilft dir weiter und du erlebst damit unvergessliche Nächste!

Kapitel 3: Die Vorbereitung

In diesem Kapitel erfährst Du von mir die wichtigsten Sachen die du vor Beginn des Abends beachten oder machen solltest, denn wie viele Leute sagen: Erfolg ist, wenn die Vorbereitung auf die Gelegenheit trifft.

Der richtige Club:

Als erstes kommen wir zur Wahl der Disco. Wenn du in einer Großstadt wohnst ist das Angebot an Partyschuppen sehr hoch. Es ist deshalb wichtig zu wissen in welchen man am besten gehen sollte um erfolgreich zu flirten und einen spaßigen Abend zu haben.

Meine Empfehlung lautet: Je exklusiver der Club, desto besser.

Durch Türsteher wird zum einen die Spreu vom Weizen getrennt, was bedeutet das die ganzen Leute aussortiert werden die zu betrunken sind oder zu plump gekleidet. Beides lässt nicht unbedingt auf Klasse schließen was bedeutet, dass dir lästige Leute vom Leibe gehalten werden.

Auch habe ich gelernt, dass in den exklusiveren Clubs, meistens die besseren Frauen sind welche es mehr wert sind für Sie auszugehen.

Der Location-Check:

Wenn du weißt welchen Club du besuchen willst ist es wichtig, dass du dir bevor das Getümmel losgeht einen Überblick über den Club verschaffst. Du solltest wissen wo man ungestört flirten kann (Lounges, Sitzmöglichkeiten, Bänke draußen) und wo man seinen Spaßtiger raus lassen kann (Bar, Tanzfläche).

Styling und Hygiene:

Da Frauen und Männer bekanntlich gleichermaßen auf ein gepflegtes äußeres achten will ich dir hier noch ein paar Tipps geben wie du auf einer Disco erscheinen solltest und was dir das Leben leichter macht.

Es versteht sich denke Ich von selbst, dass man nicht ungewaschen auf ein so ohnehin schon schweißtreibendes Event geht. Putz dich fein raus, zieh die Sachen an in denen du dich am wohlsten fühlst. Das gibt dir nochmal einen kleinen Rückhalt in deinem Selbstbewusstsein, denn du weißt: „Ich sehe heute Abend TOP aus!"

Ein großes Thema ist auch immer der Mundgeruch. Vielleicht geht es nur mir so aber immer wenn ich im Club bin kommt mir ein Typ entgegen der eine Fahne aus Alkohol und Knoblauch zusammen hat. Am besten du vermeidest solche Peinlichkeiten indem du immer Kaugummis oder sonstiges dabei hast.

In Sachen Styling will ich dir noch eine Methode mit auf den Weg geben die ich von den Profis sehr gut kenne. Sie nennt sich Peacocking. Übersetzt bezeichnet es das balzen eines Pfaus. Pfauen versuchen die Aufmerksamkeit der Weibchen auf sich zu ziehen indem Sie ihre prächtigen Federn präsentieren. Da wir Menschen bekanntlich keine Federn haben müssen wir beim Peacocking zu anderen Mitteln greifen. Um Aufmerksamkeit zu generieren werden nützliche Accessoires oder schrille Outfits verwendet. Dies können zum Beispiel ein Cowboyhut oder ein Anzug sein. Der bekannte amerikanische Verführungskünstler „Mystery" gilt als Urvater der Methode. Sein übliches Outfit bestand aus einer Federboa, also einem Schal mit Feder und einer Jacke die mit glänzenden Steinen vollgeklebt war. Er hatte sogar meistens Cowboystiefel an und die Hose war aus speziellem Tierleder. Zum Schluss rundete er es mit einem protzigen Gürtel ab. So seltsam das auch klingt und ausgesehen haben mag, sein Erfolg ist nicht zu bestreiten. Allerdings will Ich an dieser Stelle noch anmerken das diese Methode nicht in allen Ländern oder Kulturkreisen so gut funktioniert wie im verrückten Amerika. Außerdem ist Mystery einer der Wenigen die diese Methode benutzen weshalb ein legerer Kleidungsstil vollkommen ok ist. Im Gespräch kommt es sowieso nur auf deinen Charakter an, welches beim Flirten essenziell ist.

Wingman und Social Proof:

Den Begriff Wingman kennst du sicherlich schon aus der bekannten Serie „How I met your mother". Ein Wingman ist ein Kumpel der dich bei deinem Ziel, Spaß zu haben, so gut es geht unterstützt. Die Rolle eines Wingman sollte immer sehr selbstlos gespielt werden da sein Job nur ist, dich in die Arme einer süßen Blondine (Optional auch Brünett, Schwarz, oder Rot) zu treiben. Wie man den Wingman am besten einsetzt erzähle ich aber in einem anderen Kapitel. Natürlich muss man keinen Wingman haben. Allerdings macht es meistens mehr Spaß und man kann sich für den Dienst gerne mal bei seinem Kumpel revanchieren.

Ein anderes Thema steht bei der Vorbereitung noch aus, obwohl es fast schon nicht mehr zur Vorbereitung gehört. Social Proof bedeutet grob die soziale Akzeptanz von so vielen Leuten wie möglich. Er spiegelt deinen sozialen Status wieder. Ein hoher Social Proof eröffnet dir nicht nur mehr Möglichkeiten der Interaktion in einem Club (welche zu mehr Spaß führen), sondern er bringt dich noch mehr ins Rampenlicht aller Frauen auf der Party. Um wen sich die Masse scharrt, auf den wird gestarrt. Ja, diesen Reim habe ich gerade beim schreiben Selbst erfunden. Er stimmt auch noch: Je mehr Interaktionen du auf der Feier mit den Menschen hast, desto mehr Aufmerksamkeit bekommst du. Sei einfach so offen, so gesprächig und so lustig wie möglich. Diese ganzen Interaktionen sollten allerdings positiver Art sein, da Schlägereien bei niemandem gut ankommen, außer vielleicht bei deinem Kopf.

Jetzt erkläre ich dir wie du Social Proof generieren kannst. Eine gute Ausgangsposition ist es immer wenn du viele Leute im Club kennst. Spreche mit ihnen, begrüße sie! Betrachte dich in jedem Gespräch wie der Gastgeber: Du sorgst dafür das alle Leute Spaß haben. Wenn du niemanden kennst, sprich mit Leuten die du noch nicht kennst und lerne sie kennen. Auf neue Bekanntschaften kann man den ganzen Abend zurückgreifen und vielleicht schon so neue Frauen kennen lernen. Ein cleverer Move ist es auch den DJ zu begrüßen. Selbst wenn du ihn selbst nicht kennst kannst du mal bei ihm vorbeischauen und ihm sagen, dass er gute Musik spielt. Er wird sofort auf deiner Seite sein! Ehrliche Komplimente sind der Schlüssel zu den Herzen der Menschen. Selbst mit den Leuten hinter der Bar kann man kommunizieren! Eine gute Art um Social Proof zu generieren ist es auch auf der Tanzfläche so richtig abzugehen und möglichst viele Leute in seinen „Tanzkreis" zu holen. Klatsch mit so vielen Leuten wie möglich ab und hab einfach Spaß!

Wenn du diese ganzen Sachen vor dem „Hauptspiel", dem flirten beachtest, befindest du dich in einer sehr vorteilhaften Ausgangslage und bist allemal bereit den Abend unvergesslich zu machen!

www.ingramcontent.com/pod-product-compliance
Lightning Source LLC
Chambersburg PA
CBHW070845310526
45793CB00011B/582